おやおや、お

石津ちひろ 文　山村浩二 絵

福音館書店

きょうは　いよいよ　マラソンたいかい

そらまめ　そろって　マラソンさ

にんきものの　にんにく　きんにく　むきむき

りっぱな　パセリは　つっぱしる

ラディッシュ　だんだん　ダッシュする

そろり　そろり　セロリは　はしる

きゅうりは　きゅうに　とまれない

かぼちゃの　ぼっちゃん　かわに　ぼちゃん

えのきの　あにきは　のんきに　あるき

まって　まってと　トマトの　おとうと

はくさい　はくしゅは　てれくさい

とうがらしの　とうさん　とうとう　いっとうしょう

どんな　いろでも　めでたい　メダル